黄河名观

中国·佳县

白云山白云观壁画

本书编委会 编

文物出版社

白云山白云观全景

编委会

主　任：张小明　柴小平

副主任：高小峰　刘维平　李晓晴　贾正兰

委　员（以姓氏笔画为序）：

马培存　白会武　孙世明　刘建兴

刘恩凯　张明贵　贺成泉

佳县地处黄土高原腹地、毛乌素沙漠南缘、黄河中游秦晋峡谷西岸，独特的地理环境造就了这里极富特色的民俗民风、民间艺术和地域文化。宗教文化和红色文化是盛开在这块古老土地上的两朵奇葩。

农民歌手李有源的一曲颂歌《东方红》，毛泽东率中共中央机关转战陕北在佳县生活战斗的100天里所发表的一系列重要文献，部署扭转西北战局的沙家店战役，给佳县县委"站在最大多数劳动人民的一面"和群众剧团"与时并进"的题词，构成了佳县红色文化的主要内容，奠定了佳县在中国现代革命史上的重要地位，也使佳县声名远播。

同时，佳县又有着丰富的历史文化资源。两处全国重点文物保护单位、5处陕西省重点文物保护单位以及约270处可供观瞻游览的名胜古迹中，宗教文物占了较大比例。宫观寺庙是佳县文物的重要组成部分，宗教文化是佳县地域文化的突出内容，其中当数白云山白云观影响最大。

位于佳县城南黄河之滨的白云山，古称双龙岭，亦名嵯峨岭，后因终年白云缭绕而称白云山，山上的庙也因"山门无锁白云封"而叫白云观。作为道家胜地，自从明万历皇帝亲赐御制《道藏》4726卷以后，白云观就声名大振，几百年来香火长盛不衰。白云观包蕴着丰富的文化内涵，集建筑、雕刻、泥塑、书法、绘画、音乐、舞蹈等艺术于一体，是一座宗教文化艺术宝库。

白云观1300余幅壁画是白云山最有艺术价值的民间艺术之一。壁画内容丰富，形式多样。有色彩艳丽的大型工笔画，有描述神话传说的彩色连环画，有中堂、条幅式山水风景画，有色调淡雅的花草水墨画。这些壁画，都出自民间画匠之巧手，大都为明清之作，技法纯熟，保存了古代陕北民间绘画艺术的特色。据专家研究，三清殿《老子八十一化图说》是全国道观中同一题材绘制较早、保存最好的壁画，关帝殿关羽征战故事的连环画在国内外其他道观中甚少见到，碧霞宫民国年间的壁画在全国道观中也很少见，真武大殿真武祖师修道图颇有价值。如此数量众多、极具价值的宗教壁画集于一山一观，在全国亦是不多见的。

应该看到，由于年代久远、墙体开裂、香火熏烤以及疏于管理等因素，白云观壁画也受到不同程度损毁，急需得到有效保护。因此，整理出版白云山白云观壁画图册，提高人们对白云山宗教文化艺术价值的认识，增强文物保护意识，加强对物质以及非物质文化遗产实施有效保护，不断涵养壮大中华民族文化的根脉，就有着特殊的意义，这无疑是一个有远见的举措，是值得称道的。

文化部副部长、故宫博物院院长　郑欣淼

2007年8月25日

序二

　　中国历史上曾经有过许多名为"白云观"的道观，为什么对这个名字如此垂青？究其原因，我认为可以有三层含义：首先当是一般文字意义上的本意，即"蓝天白云"之自然美景，高道们都愿意将自己的栖居之地安排在依山傍水、耸入云霄的清静之处，天人合一，从视觉环境到内心精神都产生旷达超越之感。其次，道观不仅是道教活动的场所，还是各路神仙在人间的显身之处，神仙们高踞于白云之后的九霄之上，透过白云，人们才能目睹他们的真身。而更深层的原因，"白云"在内丹学上还有先天精气之意，《吕祖百字碑》有："白云朝顶上，甘露洒须弥"。从这个意义上讲，高道们更看重的是"白云"所深藏的道家内功。"白云"之观不仅要有宜人的景色吸引四方百姓，要有各路神祇现身说法，更要靠深厚的精神底蕴传承民族的千年文化。陕北佳县白云观就是这样一处名副其实的"白云"之观。

　　中国古代的绘画可分为三个主要部分：宫廷绘画、文人画、民间绘画，它们有着不同的规则、传统和服务对象。宫廷绘画倚靠的是权势，体现着皇家贵族的趣味；文人绘画秉承的是理念，飘逸着文人士大夫的情调；而民间绘画则凝聚着千百年来社会的精神信仰轨迹，寄托着亿万普通民众的美好愿望。佳县白云观有保存至今的1300余幅壁画，浓缩了方圆千百里黄土高原那些普通乡亲们的心灵寄托与审美情趣。从17世纪初期以来，他们祖祖辈辈登上这座神圣的殿堂，恭敬地供上自己生产的红枣、高粱和玉米；同时拿起画笔，将自己的审美情操外化在殿宇之中那些斑斓的壁画与威武的塑像之上。有一些作者还留下了姓名，比如清末壁画工匠叶孙长、蒲培。他们不断地制作这些壁画，观赏、接受并延续着它们。这些壁画既是体现民众审美情趣、技艺与变化的窗口，又是传播文化、使民众百姓接受审美熏陶的通俗教材。几乎每一个观众都可以在观看图像的过程中得到感悟：弟子们可以坚定信念、感恩神祇、纯洁心灵、造福社会；普通民众可以扬善戒恶、知恩图报、和谐相处；而专业的学者则可作为观览历史的"纪录片"，从中推敲社会制度、宗教流派、服饰习俗、经济和军事事件；艺术家则可陶醉于色彩、线条、构图与造型之间，学习传统，借鉴创新。这些壁画并不是已经逝去的死文化，而是在不断变化并持续产生辐射力的活体，它们真的是"长生不老"。

　　佳县白云观的壁画也不是孤立的文化现象，它是甘肃、陕西、山西等黄河流域文化的一部分。比如主殿三清殿的《老子八十一化图说》，略早的遗存还有甘肃庄浪县紫荆山老君庙、兰州金天观的同题壁画，山西浮山县老君洞的同题石刻画，以及明代同题刊本和民国时期翻刻的刊本。佳县白云观的真武故事组画，对应的也有明代画本《真武灵应图册》（原出处不明，现藏广东佛山市博物馆）、河北蔚县清代水东堡村真武庙壁画，以及明代编撰的《道藏》中的各种插图，将这些绘画作品联系起来研究，既能拓宽对陕北黄土文化特殊性的理解，更能加深对黄河文明的整体认识。

我个人对这些道教壁画的理解并不深。十八年前的秋天，我实地考察了佳县白云观，当时我刚在西安美院读完硕士，考察的重点是陕北的佛教石窟，对白云观只作了一些简单的记录和拍照，现在翻开当时拍摄的五龙宫壁画照片，既有悲哀又有几分庆幸，因为该殿这些精美的壁画已经荡然无存。后来我指导的一位研究生的学位论文以白云观的八十一化壁画为题，我也就跟着进行了一些了解。这篇论文是目前有关白云观壁画不多的专业论文之一，说明这个论题亟待学者们的广泛参与。这1300多幅壁画，多数作于清代，少数可能早至明末(但还要作仔细的甄别考证)，还有一些作于民国时期。三百多年的不同作者沿用或发展着一种较为固定的构图模式，即画面四周大都为白云或彩云所环绕，体现出飘逸、祥瑞、超越、纯净的境界。总体风格浑厚、淳朴、有力，并呈现出"与时俱进"的特点。比如早期壁画追求复古，遵循唐宋传统，尤其是宋代体制，倾向于写实。至清代前、后期又有不同，朴素的乡情交织着艳丽的色调与精致的图案，山水花鸟画的大量出现似乎表明道教观念的新发展与文人笔墨情趣的交融。民国时期则出现更多时尚新潮画面，宗教内容夹杂着对世俗新生活的关注，如新式交通工具的出现。碧霞宫"准备防空"的壁画应该作于抗日战争时期，相应的这一批壁画显示出粗犷的线条、跳跃的笔触、强劲的气势和人物造型夸张的特点，折射出延安解放区革命文艺和新版画运动的强大影响力。无论"白云"多么深厚，也难以全然遮断世俗之光。这也同时说明，无论社会条件多么残酷和动荡不安，民间文化总会以恰当的方式顽强地表现出来，或借古，或创新，这种韧性和持续不断的生命力是否可看作黄土文化的"真性"之一？

　　过去已经成为了我们身体的基因，我们应该为历史而自豪，为家乡而自豪，我们还应该生活在包容着过去的将来。这本画册的出版，为我们理解佳县白云观壁画艺术进而理解黄土文化提供了很好的窗口。既能有效的保全地方文化遗产，又有利于扩大地区的知名度，更能弘扬优秀的历史传统，是一个对构建和谐社会、发展新文化有长远眼光的举措。张小明县长来电话嘱我写序，我与他素不相识，但我知道这样一本画册的出版对经济并不发达的佳县不是一件容易的事，我赞赏这种长远的眼光。我尤其希望类似的调查、保护、编辑、出版工作多多益善，作为一位专业研究者，这或许多少有点私心，所以我贸然应允，写下以上几段对白云观壁画的粗略认识，希望有助于读者拓展视线，穿透那黄河岸边的"白云"，直指堂奥。

北京大学艺术学院教授、博士生导师　

目录

佳县白云山白云观壁画

图版目录

佳县白云山白云观壁画

目录

佳县白云山白云观壁画

图版目录 佳县白云山白云观壁画

目录

佳县白云山白云观壁画

图版目录

佳县白云山白云观壁画

目录

佳县白云山白云观壁画

图版目录

佳县白云山白云观壁画

目录

佳县白云山白云观壁画

　　山城佳县，原名葭县，古称葭州。位于黄河中游，陕西省东北部榆林市境内。凭自然之天险，素为秦晋峡谷中的重镇名城，享有"铁葭州"之美誉。这一个铁字，尽显昔日的沧桑。在1913年前长达七百多年的历史里，一直为古葭州州城所在地。古城城郭至今保持形貌，城垣时断时续；城内存有依旧复旧的石板老街，有明清时期的青砖灰瓦民居。城外围，城南俯观黄河和芦水交汇的石壁间，有宋代开凿的石窟——云岩寺，内有石窟8孔，石刻造像48尊；城东黄河畔的悬崖峭壁上，有明朝万历年间所建的香炉寺，一块高20余米，周长约15米的巨石，似自然之造化，又有人力之功，叹为观止。

　　在这些景观中，当说位于黄河岸边佳县城南5公里处的白云山。山原名对龙岭。不难想象，势如长龙俯饮黄河之水；四周群山环绕，连绵起伏，一派壮丽的北国山水。依山而筑的白云庙观，始建于宋代，主建于明清。明万历三十三年（1605年）始建道观，先后修建了真武大殿及配殿、钟鼓楼、三官殿、玉皇阁、四道天门等；明万历四十六年（1618年），神宗皇帝曾亲赐御制《道藏》4726卷，御赐"白云胜境"匾额一块。从此声名大振。明天启年间（1621～1625年）建东岳大殿，栽松、柏树三百余株；清康熙十一年（1672年）建五龙宫等；乾隆五十六年（1791年）修魁星楼；民国年间增修龙王庙、东岳庙等，基本形成了今日的格局。后经历代不断修葺，白云观现有建筑面积85000平方米，各类建筑数百处，各代碑碣157块，匾额95块，壁画1300多幅，以及石狮、古钟、旗杆、塑像等珍贵文物；另有独具魅力，传承相袭并融合了地域特色的道教音乐、道教舞蹈等非物质文化遗产。

　　白云山白云观庙群，占地1.6平方公里。现为全国重点文物保护单位。规模及影响，实为西北地区最大，且知名全国的道教圣地。白云山道教属全真教之龙门派。保存至今的1300余幅壁画，以其历史的久远、题材的丰厚、数量的众多，成为白云山道教艺术的重要组成部分，成为珍贵的艺术奇葩，熠熠生辉。从完成的时间来看，白云山壁画与其建筑同步。大多完成于明清之际。制作时以矿物颜料完成，经久不变，至今色彩绚丽。事实上，这些艺术作品，有的历经漫漫数百年，风风雨雨中得以留存；又能逃避种种人为的破坏，实可算是幸运。就以近代来说，据资料记载：1947年秋，毛泽东转战陕北来到佳县，两次登上白云山，曾说：这些都是文化遗存，……要保存下来，不要毁了。后来在"文革"期间，白云山的塑像尽毁，建筑受损，唯有壁画，得以较为完好保存。

前言

佳县白云山白云观壁画

收录在这本图册中的壁画，为了整体体现白云山壁画的风格及内容，在其创作时间上，并没有限定；以明清为主，也选编部分民国和近代时期的作品。单说这些距今并不久远的壁画，且也以其描画的人和物的特点，直观呈现了时代特色。从明朝以来，至清，至民国，至近现代，壁画艺术历史线性上的承继，正是其又一价值所在。总体而言，白云山白云观壁画，有一部分为大型人物画，以真武大殿后殿和头天门壁画为代表，画面有的长达二三十米，高近四米，所绘各类神仙形态各具，须发舒张，衣冠华丽；且画幅宏伟气派，具有浓郁宗教特色的视觉效果；有一部分以连环画的形式，表现神仙或人物的故事，以三清殿绘《老子八十一化图说》、正殿绘真武大帝修行图为精华，不时引来异地同道的学习、观摩、借鉴；还有关帝庙绘关羽故事、碧霞宫绘以孩童为形象的连环画，人物有动有静，用笔或工或写；还有文昌楼、五老祠、圣父圣母祠中的山水风景壁画，大多以条幅的形式，描景画物，情趣雅致，同样不失为艺术珍品。

还需要说明的是，这本图册中，也收集了其他寺庙的部分壁画。有观井寺、化云寺石窟和兴隆寺。这些寺庙都坐落于偏僻难觅的乡间，可每至一处，就有一处的惊喜。寺庙内的壁画，有的残损，有的新绘，有的散发着古朴久远的色彩。借机在此得以展现，实为了呈现乡野的一种真实，从而唤起一点思考和感悟吧。

此次编辑出版白云山白云观壁画，既是对优秀传统文化的整理保护，又是对地域文化的挖掘宣扬实践；同时，怀有一个愿望——抛砖引玉，希望此图册的出版发行，引来国内外专家、学者及同道们，对白云山白云观文化遗产的关注及深入研究，并让道教壁画这朵艺术奇葩，焕发更加绚丽的色彩。

编　者

2007年5月20日

2

壹

【神仙人物画】

黄河名观

生青白云观壁画

百云观壁画

真武大殿后殿·诸神图

后殿建于明万历三十三年(1605年),为白云山道观之中心,建筑之首。壁画绘制于明代,横23.4米,纵3.74米,面积87.5平方米。以极其宏大的场面,描绘了道教诸神朝拜真武大帝的情景。全画共绘星宿、神王、天丁、力士76尊。这些画像分为两层,下层神像高约1.5米,与人的视线持平,上层则有所缩小。构图近大远小,主次分明,排列有序;画像形态各异,形象须发舒展,衣冠华丽,具有浓郁的宗教色彩。

诸神图局部之一　明　　23.4米×3.74米

诸神图局部之二　明　23.4米×3.74米

诸神图局部之三　明　　23.4米×3.74米

诸神图局部之四　明　　23.4米×3.74米

诸神图局部之五　明　　23.4米×3.74米

诸神图局部之六　明　　23.4米×3.74米

诸神图局部之七　明　　23.4米×3.74米

诸神图局部之八　明　　23.4米×3.74米

诸神图局部之九　明　　23.4米×3.74米

诸神图局部之十　明　　23.4米×3.74米

诸神图局部之十一　明　　23.4米×3.74米

诸神图局部之十二　明　　23.4米×3.74米

诸神图局部之十三　明　　23.4米×3.74米

诸神图局部之十四　明　23.4米×3.74米

诸神图局部之十五　明　　23.4米×3.74米

诸神图局部之十六　明　　23.4米×3.74米

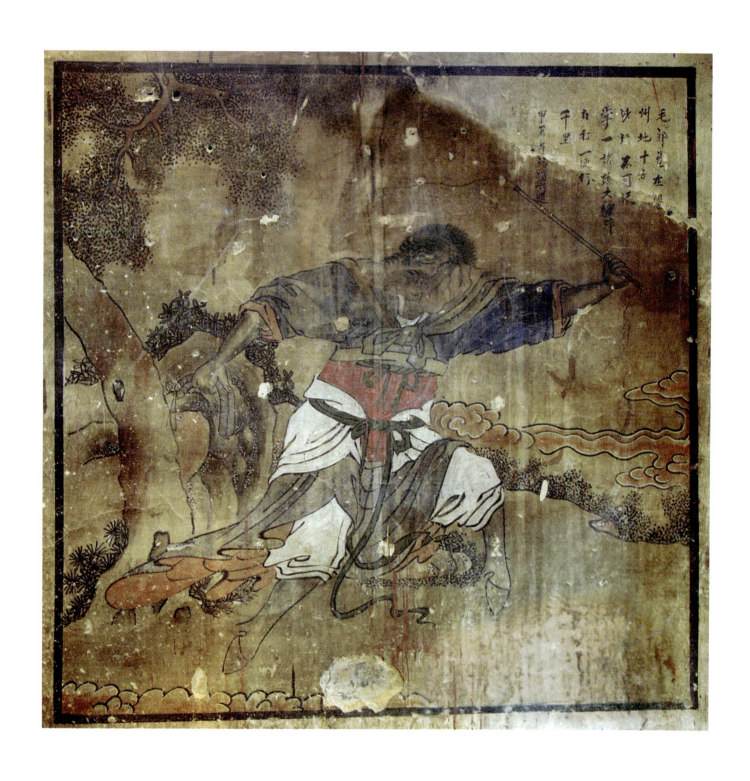

真武大殿后殿·毛郎图

绘制于清末(1904年)，横1.5米，纵1.5米。

题款：毛朗生在阳州地，十方沙经不可流；

掌一诸头大骡蹄，自打一鞭行千里。

甲辰年端阳前题

真武大殿后殿·贪婆图

绘制于清末（1904年），横1.5米，纵1.5米。

题款：贪婆美妙世间西，未从供佛仙充饥；

　　　　吃得嘴长二三寸，眼中流血浣直水。

竹山题

真武大殿后殿·二神图局部之一

绘制于明代，横2.83米，纵2.34米。

真武大殿后殿·二神图局部之二
绘制于明代，横2.83米，纵2.34米。

头天门(左厢)·正乙灵官护法图

建于明万历三十四年(1606年)。

壁画绘制于清代。南、北壁各横3米，纵2.14米。

正乙灵官护法图局部之一

正乙灵官护法图局部之二

正乙灵官护法图局部之三

正乙灵官护法图局部之四

正乙灵官护法图局部之五

正乙灵官护法图局部之六

正乙灵官护法图局部之七、八

正乙灵官护法图局部之九

正乙灵官护法图局部之十

头天门(右厢)·赵公元帅护法图

建于明万历三十四年(1606年)。

壁画绘制于清代。南、北壁各横3米，纵2.14米。

赵公元帅护法图局部之一

赵公元帅护法图局部之二

赵公元帅护法图局部之三

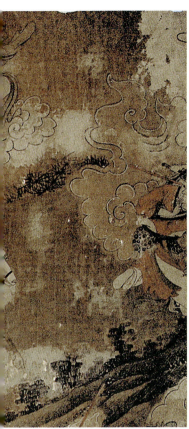

赵公元帅护法图局部之四

赵公元帅护法图局部之五

赵公元帅护法图局部之六、七、八

真武大殿前殿·使者图

壁画绘制于清末（1904年）。在真武大殿前殿东、西两侧对称分布，各横2.18米，纵1.48米。

年、日值使者

月、时值使者

贰

【连环故事画】

三清殿·老子八十一化图说

为白云山建筑群中最古老的建筑，据资料记载，在宋代始建。殿内供奉是道教传说中地位最高的三位神：玉清元始天尊、上清灵宝天尊、太清道德天尊，故称三清殿。道德天尊，又称太上老君，即老子。民间传说老子在母腹中孕育了81年，降生就是个白须老翁。殿内壁画绘制于明代，分布在四面墙体上，有大小匀称84幅，四幅残损。以连环画的形式，表现三清修道执事，在当地也有的称为老子八十一化或八十四化图说。

三清殿正殿（北壁）东、西两侧各绘有10幅画，每幅尺寸纵约56厘米，横约63厘米。东、西两壁各绘有31幅图，每幅尺寸纵约70厘米，横约58厘米。每幅画上均留有题记的位置和书写管龛人姓氏的位置，但字迹内容现已无存。

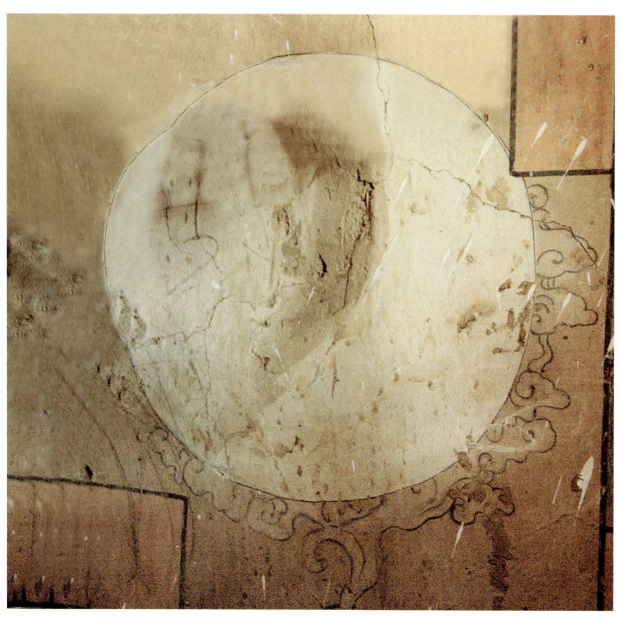

老子八十一化图说·起无始

老子八十一化图说 · □□□

老子八十一化图说·尊宗室

老子八十一化图说·历劫运

老子八十一化图说·开天地

老子八十一化图说·隐玄灵

54

老子八十一化图说·受玉图

老子八十一化图说·变真文

老子八十一化图说·垂经教

老子八十一化图说·传五公

老子八十一化图说·赞元阳

老子八十一化图说·置陶冶

老子八十一化图说·教稼穑

老子八十一化图说·始器用

老子八十一化图说·住崆峒

老子八十一化图说·为帝师

老子八十一化图说·授隐文

老子八十一化图说·诞圣日

老子八十一化图说·传经蕴

老子八十一化图说·弃周爵

老子八十一化图说 · 过函关

老子八十一化图说·试徐甲

老子八十一化图说·训尹喜

老子八十一化图说·升太微

老子八十一化图说·会青羊

老子八十一化图说·游诸天

老子八十一化图说·入罽宾

老子八十一化图说·化王子

老子八十一化图说·集圣众

老子八十一化图说·演金光

老子八十一化图说·起青莲

老子八十一化图说 · 捧神龙

老子八十一化图说·摧剑戟

老子八十一化图说·说浮屠

老子八十一化图说·降外道

老子八十一化图说·藏日月

老子八十一化图说·拔太山

老子八十一化图说·游阗国

老子八十一化图说·留神钵

老子八十一化图说·显诸国

老子八十一化图说·到天竺

老子八十一化图说·入摩竭

老子八十一化图说·舍卫国

老子八十一化图说 · 赐丹方

老子八十一化图说 · 弘释教

老子八十一化图说·授真经

老子八十一化图说·叹犹龙

老子八十一化图说·扬圣德

老子八十一化图说·传四真

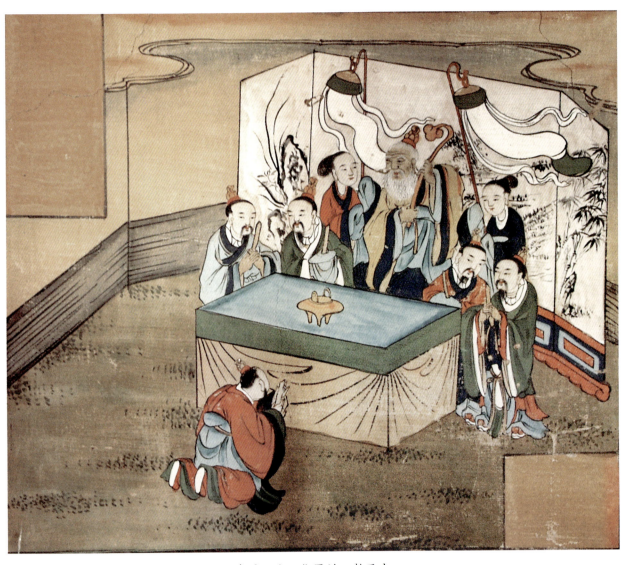

老子八十一化图说·教卫生

老子八十一化图说·训阳子

老子八十一化图说·天地数

老子八十一化图说·诏沈义

老子八十一化图说·解道德

老子八十一化图说·授道像

老子八十一化图说·游琅琊

老子八十一化图说·授薄书

老子八十一化图说·传正一

老子八十一化图说·说斗经

老子八十一化图说·教飞升

老子八十一化图说·授三洞

老子八十一化图说·赈民灾

老子八十一化图说·授神丹

老子八十一化图说·封寇□

老子八十一化图说·建安化

老子八十一化图说·思摩铭

老子八十一化图说·光醮坛

老子八十一化图说·黄天原

老子八十一化图说·新兴寺

老子八十一化图说·彰灵宝

老子八十一化图说·应帝梦

老子八十一化图说·传丹诀

老子八十一化图说·现朝元

老子八十一化图说·颁流霞

老子八十一化图说·刻三泉

老子八十一化图说·云龙岩

老子八十一化图说·居玉堂

老子八十一化图说·明崖壁

老子八十一化图说·珍庞勋

老子八十一化图说·传古砖

老子八十一化图说·起祥光

真武大殿前殿·真武修行图

前殿东、西两壁壁画各30幅，共60幅，绘制于清末（1904年）。描绘了真武祖师降生、修行、悟道、伏魔、赐福等神话传说。大小匀称的小画之间，有山石、树木、花草相隔。从整体看浑然一体，似一幅山水景貌中有人物活动的大画；每幅小画又有独立的主题。

真武修行图·建醮祠嗣

真武修行图·命请道象

真武修行图·梦吞日光

真武修行图·国母降生

真武修行图·沐浴金身

真武修行图·朝见国父

真武修行图·辨读经书

真武修行图·舍国离父

真武修行图·密祷归山

真武修行图·元君寿（授）道

真武修行图·太白赐剑

真武修行图·阻润（涧阻）群臣

真武修行图·蛇虎引路

真武修行图·猿猴伴道

真武修行图·悟忏（钎）成针

真武修行图·猿鹿进果

真武修行图·仙人进贡

真武修行图·折柳挥梅

真武修行图·云雾圣迹

真武修行图·观音点化

真武修行图·五龙捧圣

真武修行图·仙人引接

真武修行图·上圣父母

真武修行图·上清授受

真武修行图·三元保举

真武修行图·上朝玉帝

真武修行图·上朝玉境

真武修行图·上朝真清

真武修行图·上朝泰清

真武修行图 · 玉帝授受

真武修行图·祈祷雨泽

真武修行图·察人善恶

真武修行图·积功成圣

真武修行图·终刧济苦

真武修行图·行满三界

真武修行图·圣父母宫

真武修行图·琼台受册

真武修行图·水涌洪钟

真武修行图·具庆宫殿

真武修行图·冤魂哀苦

真武修行图·十王请命

真武修行图·甘雨回佑

真武修行图·大圣南庆宫

真武修行图·木驸马监工

真武修行图·神流巨木

真武修行图·封受香烟

真武修行图·祖街捕迷

真武修行图·船河兴福

真武修行图·王虎宽消

真武修行图·寇染安仁

真武修行图·洞天云盖

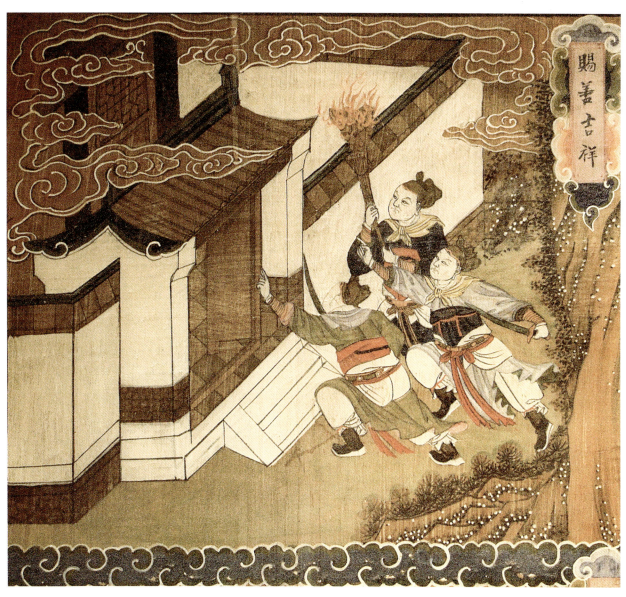

真武修行图·赐善吉祥

关帝庙·关帝演义图

建于明万历年间，咸丰十一年（1861年）、1923年间维修。相传农历五月十三日是关公的神诞日，这天陕北有关老爷磨刀之说，一般会有小雨。

桃园三结义

大破黄巾弟兄

关圣温酒斩华雄

同义造兵器

平原县上任

三战吕布

□□□进马

拷打□□□

曹公来进赤兔马

煮酒论英雄

古城聚义礼

黄河度（渡）口斩秦棋

东岭关斩孔秀

三情（请）诸葛亮

霸龙桥托袍

关公怒刺文丑

荥阳关斩垣福孟达

碧霞宫·佑子图

碧霞宫俗称娘娘庙。殿内壁画绘制于民国年间。东、西墙壁各有16幅，共32幅。以描绘孩童玩耍、练武、习课为主要情景，大部分寄托着美好护佑的寓意。各幅连环画都有题记，一目了然。画面生动自然，可从人物的衣服、发饰及所用器械，对过去时代的场景有直观了解。

莲生贵子

五福临门

禹门级浪

春日快乐

演马快乐

幼年学武

一顶高升

教子读书

连仲（中）三元

游戏学战

梅占花魁

五子夺盔

知足常乐

陶渊明爱菊

刘海戏蟾

嘻笑三蝠

踏雪寻梅

空中快乐

交通方便

准备防空

五祖祠·五祖成道图

壁画绘制于清代。南、北壁各有6幅绘五祖交游的故事。横2米，纵2.64米。

五祖成道图·钟吕祖下山

五祖成道图·乾桥醉仙

五祖成道图·去山入道

五祖成道图·商人问卦

五祖成道图·蟠桃大会

五祖成道图·托度三贵人

五祖成道图·情（请）师问安

佛庙

为窑洞式建筑，供奉主神为释迦牟尼。在道观中供奉佛祖，当地有两种说法，其一：佛庙创建于白云观之前；其二：佛庙作为白云观的组成部分，正是全真道创始人王重阳提出儒、释、道三教同源论的实证。

壁画绘制于清末（1906年）：内容有太阴太阳执事图，分别绘制在东、西墙壁，各横2.8米、纵1.47米，每面墙壁各有8幅连环画；有崔府速报执事图，绘制于东、西墙壁，各横2.9米、纵1.53米，每面墙壁各有8幅连环画；再有释迦牟尼修行图，绘制于东、西墙壁，各横2.52米、纵1.55米，每面墙壁各有6幅连环画。

太阴太阳执事图之一

太阴太阳执事图之二

太阴太阳执事图之三

太阴太阳执事图之四

太阴太阳执事图之五

太阴太阳执事图之六

太阴太阳执事图之七

太阴太阳执事图之八

太阴太阳执事图之九

太阴太阳执事图之十

太阴太阳执事图之十一

太阴太阳执事图之十二

太阴太阳执事图之十三

太阴太阳执事图之十四

太阴太阳执事图之十五

太阴太阳执事图之十六

崔府速报执事图之一

崔府速报执事图之二

242

崔府速报执事图之三

崔府速报执事图之四

崔府速报执事图之五

崔府速报执事图之六

崔府速报执事图之七

崔府速报执事图之八

崔府速报执事图之九

崔府速报执事图之十

崔府速报执事图之十一

崔府速报执事图之十二

崔府速报执事图之十三

崔府速报执事图之十四

崔府速報執事圖之十五

崔府速报执事图之十六

释迦牟尼修行图之一

释迦牟尼修行图之二

释迦牟尼修行图之三

释迦牟尼修行图之四

释迦牟尼修行图之五

释迦牟尼修行图之六

叁

【山水花鸟画】

黄河名观

白云观壁画

真武大殿正殿乐楼·山水图一　　清　　2.3米×1.1米

真武大殿正殿乐楼·山水图二　　清　　2.3米×1.1米

圣父圣母祠

建于明万历年间（1573～1620年），祠内供奉真武祖师的父母净乐国王和善胜皇后。当地相传真武祖师出生于江南，祠内壁画以描绘南国风光为主。

圣父圣母祠·花鸟图　　3米×2.35米

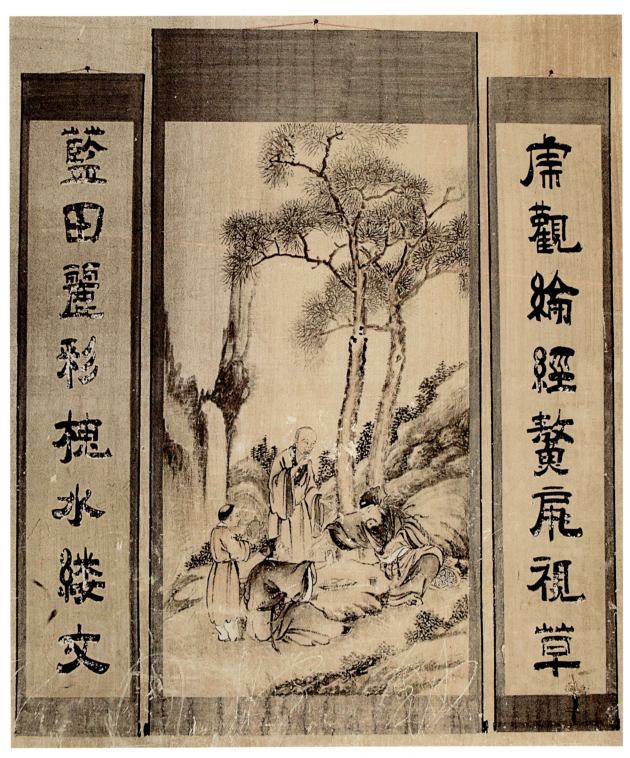

圣父圣母祠·饮酒图　2.05米×2.35米

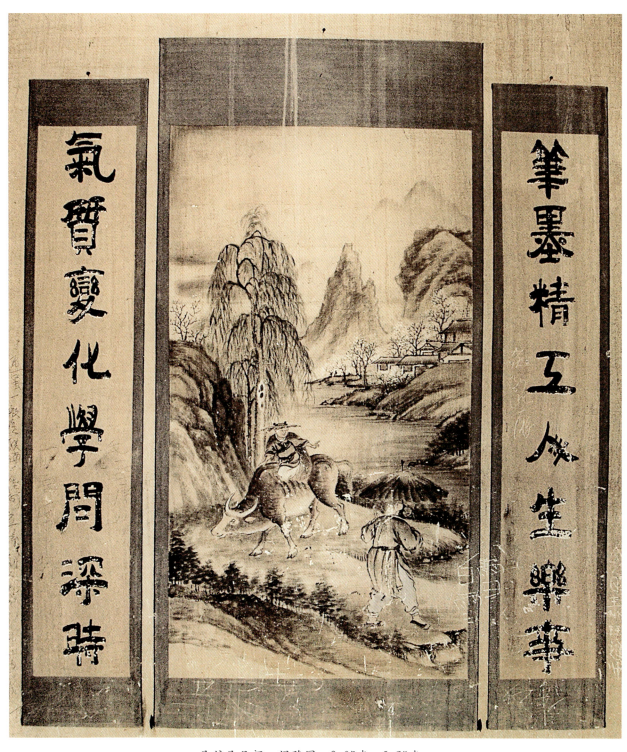

圣父圣母祠·问路图　2.05米×2.35米

五老祠·竹图局部　1.97米×0.88米

五老祠·松图局部　1.97米×0.88米

五祖祠·松鹰图　清　0.7米×0.28米

五祖祠·鹊梅图　清　0.7米×0.28米

文昌楼东墙·四条幅花鸟局部　3.6米×2.1米

头天门山口图之一、二

关帝庙山口图

五老祠·鹿图局部　2.25米×1.34米

南北极祖师殿山口图一

南北极祖师殿山口图二

南北极祖师殿山口图三

南北极祖师殿山口图四

玉皇阁·三十二天帝朝拜图

建于明万历年间（1573~1620年），主体为二层建筑。
壁画分布在二楼东、西两壁，各横11米，纵4米。

三十二天帝朝拜图局部之一

三十二天帝朝拜图局部之二

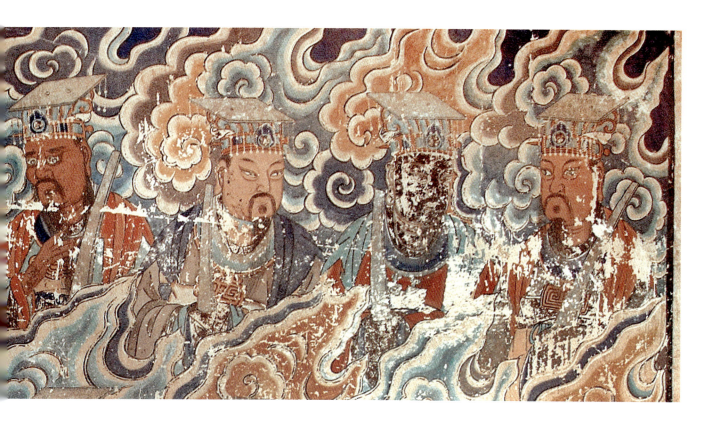

三清殿配殿南、北斗祠·出巡图

壁画横2米有余，纵1.5米。

三清殿配殿南斗祠·出巡图局部之一

三清殿配殿南斗祠·出巡图局部之二

五龙宫配殿南北极祖师殿·骑驼图

五龙宫始建于清代，正殿原有100余幅壁画，2001年被焚毁。
配殿壁画绘制于清代，横0.9米，纵0.5米。

药王庙

为真武大殿配殿，壁画横3米，纵2米。

药王庙壁画之一

药王庙壁画之二

文昌楼

建于明万历年间（1573～1620年），1912年遇火被毁，重建于1915年。

文昌楼·牧童图　1.5米×1.2米

文昌楼·跪拜图　1.5米×1.2米

三清殿配殿北斗祠·出巡图局部　3.2米×2.2米

关帝庙戏台·弈棋图　1.26米×0.8米

龙王庙·除妖出宫图局部　1906年绘

龙王庙·除妖回宫图局部　1906年绘

圣父圣母祠·花鸟图 3米×2.35米

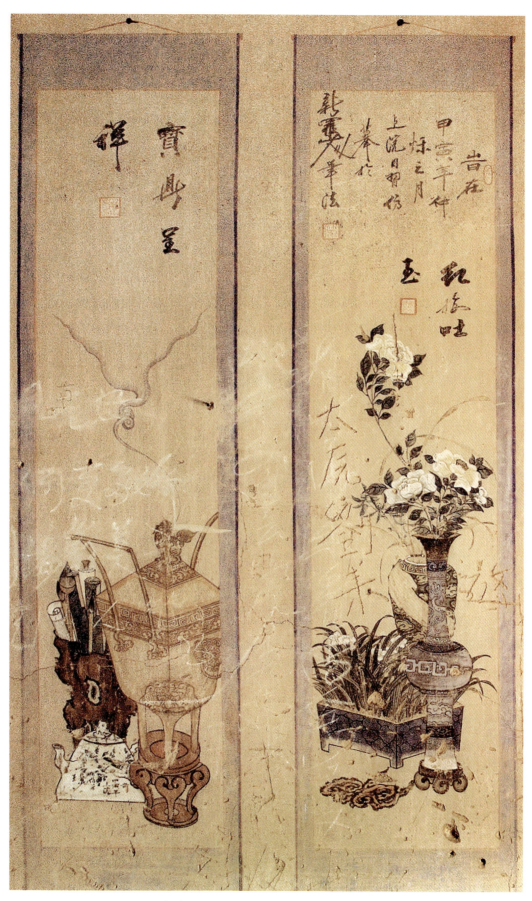

文昌楼东墙·四条幅花鸟局部　3.6米×2.1米

三清殿配殿北斗祠·出巡图局部　3.2米×2.2米

水陆道场图局部之二　5米×4米

水陆道场图局部之三　5米×4米

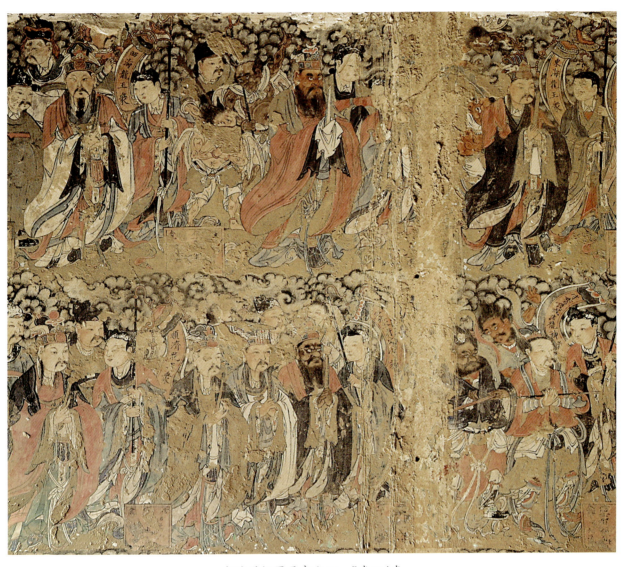

水陆道场图局部之四　5米×4米

水陆道场图局部之五　5米×4米

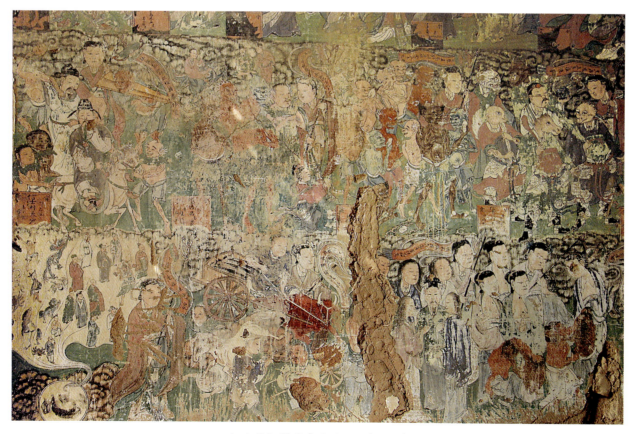

水陆道场图局部之六　5米×4米

观井寺配殿壁画局部之一

观井寺配殿壁画局部之二

观井寺配殿壁画局部之三

化云寺石窟

又称郝家寺。位于佳县刘国具乡，创建于唐高宗年间（650～683年）。从寺内数块明代的碑记可见，早期的修筑在元代拖雷元年（1228年），大规模的工程在明代完成。

化云寺壁画局部之一　0.6米×1.1米

化云寺壁画局部之二　0.6米×1.1米

兴隆寺

位于佳县上高寨乡，创建于元代大德（1297～1308年）年间。明、清两代多次重修，寺
内建筑依山而筑，错落有致。

兴隆寺壁画局部之一

兴隆寺壁画局部之二

兴隆寺壁画局部之三

兴隆寺壁画局部之四

兴隆寺壁画局部之五

兴隆寺壁画局部之六

佳县白云山白云观壁画

据大部分可见资料记载，白云山白云观现有壁画1300余幅。去年秋，我愉快地接受了佳县政府张小明县长的委托，对壁画进行了整理收集。先以榆林市文管会于1992年5月制作的白云山庙壁画调查登记表为依照，又由白云山管理局李振海先生和全国优秀导游员白云山的薛九豹先生的引导、介绍，沿庙观里存有壁画的殿、观、楼、阁……共二三十处，对壁画进行了实地的调查、登记、拍照和整理。

在佳县政府的大力支持下，进行了为期一周的拍摄。我们在忙碌、细致、舒畅的工作中，将各个殿观楼阁内存有的主题壁画，一一进行了编号、整理；而对其山口数量众多的花、鸟、鱼、草等装饰性水墨壁画，只拍摄了有代表性的一部分。共获得图片500余幅。后又详细比对，发现数据统计和拍照的技术性差别及方法的不同，形成了资料和实际操作在数字上的距离。可以肯定的是，这次收集整理，对白云山主题壁画，没有丝毫遗漏，从而为出版图册奠定了坚实基础。

从这次前前后后的工作中发现，白云山壁画历经数百年风雨，大多保存完好，却也有诸多缺憾。有的墙体整体剥离，有的画幅出现裂缝，有的被刀刻划痕，有的被标语口号性黑字污损；尤其值得一提的是，建于清康熙年间的五龙宫，原有精美壁画百余幅，却在2001年被人纵火焚毁，令人痛心。

图片资料整理完成后，我和佳县政府的李世英先生，又专程去北京，拜访了中国社会科学院历史研究所的王育成教授。王教授是国内研究道教及全真教的专家，更是研究道教壁画的翘楚。在中国社科院一间充溢着书墨香的办公室里，他仔细地看了图片，惊讶地说，他去过国内30多处白云观，却从没有见过保存如此完整、完好的壁画。这给予我们莫大的惊喜。时隔不久，王教授就带着友人及博士生，在寒冬里来到佳县，登上白云山，对壁画进行了细致地考察。这次难得的机会，给我留下了美好记忆：有一天清晨，大雪飘飘，远山近树一会儿就在视野里白得洁净；在这大自然无声的滋润中，熟悉的庙观显出一种肃穆，一种安宁，一种抚慰；白云山张明贵道长、佳县老作家韩海燕先生、王育成教授在一起谈经论道，众人挤在白云山会馆一间温暖的房间内畅所欲言，那真是赏心悦目的情景。实地考察后，王教授认为，白云山文化资源丰厚，尤其是壁画，目前有些藏在深山不为人知，本身的价值在全国也很罕见，具有很高的学术和文化价值!

在编辑图册过程中，因白云山白云观壁画资料少，研究性文字更是少见，从而遇到了诸多困难。就以三清殿具有很高价值的《老子八十一化图说》来说，壁画无榜题，又无资料可查，在观里询问道士及管理人员，对次序和名称只知一二。夏日复上白云山，偶遇佳县民间画匠郑龙，三言两语间，竟得其慷慨借阅收藏的图说一册，犹如雪中送炭，畅快宜人。白云山白云观壁画，大都出自民间画匠之手，这些民间艺人，也大多沉默于历史之中。在此一提，仅算是对机缘的一个说明。说来也巧，时隔不久又获机缘，在榆林竟得西安美院白文博士和陕西师大高明博士无私而又热情的帮助，并结识了他们昔日的导师北京大学的李凇教授。李凇教授正在主持全国道教美术史的研究，他提供了西安建筑科技大学雷朝晖先生，研究佳县白云观《老子八十一化图说》的学术论文，论文对壁画的绘制年代和内容进行了翔实的考证，认为从白云观所存碑刻及壁画人物服饰推断绘制年代应为明代；发现壁画中有75化与木刻版本的图像基本类同，与题记文字也基本符合，有6化与文字和图像有一定差距，尚不能确定。此篇学术论文，是编定本画册唯一可供参考的研究性文字。

出于整理文化遗产的目的，佳县人民政府给予了不遗余力的支持；又有专家学者对白云山壁画的高度评价，在策划编辑方面，既增添了信心，又是一种压力。这本图册要厚重而精美，并产生深远、广泛的影响，除了上面提到的各位尊敬的师友外，还要感谢摄影房海峰先生、梁琦女士、张颉先生、设计师张江源先生，还有中国社会科学院的鱼宏亮博士及众多默默付出的朋友们，感谢他们的帮助及热心、细致地工作。

图册中的疏漏之处，请方家批评指正。

霍文多

2007年8月19日

封面题字　　周一波
策　　划　　霍文多
统　　筹　　李世英
摄　　影　　房海峰
装帧设计　　张江源

责任印制　　陆　联
责任编辑　　贾东营

图书在版编目（CIP）数据

中国佳县白云山白云观壁画／本书编委会编．

北京：文物出版社，2007.9
ISBN 978-7-5010-2311-0

Ⅰ．中… Ⅱ．陕… Ⅲ．白云观－寺庙壁画－佳县－图集
Ⅳ．K879.412

中国版本图书馆 CIP 数据核字（2007）第 141818 号

中国佳县白云山白云观壁画

本书编委会　编

文 物 出 版 社 出 版 发 行

（北京东直门内北小街2号楼　　邮政编码100007）

http://www.wenwu.com

E-mail:web@wenwu.com

北京圣彩虹制版印刷技术有限公司

新 华 书 店 经 销

889×1194　1/16　印张：21

2007年9月第1版　2007年9月第1次印刷

ISBN　978-7-5010-2311-0　定价：280.00元